Impressum
Verlag: BABADADA GmbH, Nedderfeld 112 , 22529 Hamburg
Geschäftsführer / Verlagsleitung: Harald Hof
Druck: Books on Demand GmbH, In de Tarpen 42, 22848 Norderstedt

Imprint
Publisher: BABADADA GmbH, Nedderfeld 112 , 22529 Hamburg, Germany
Managing Director / Publishing direction: Harald Hof
Print: Books on Demand GmbH, In de Tarpen 42, 22848 Norderstedt

la salle de classe
sukuudanmu

diviser
kyemu

186/2

le tableau noir
twerɛ pono

la cour (de récréation)
sukuu mu

le professeur
kyerɛkyerɛni

le papier
krataa

écrire
twerɛ

le stylo
pɛn

bureau
ɛpono a yɛyɛ so adwuma

la règle
rula

le livre
nwoma

l'élève
sukuuni

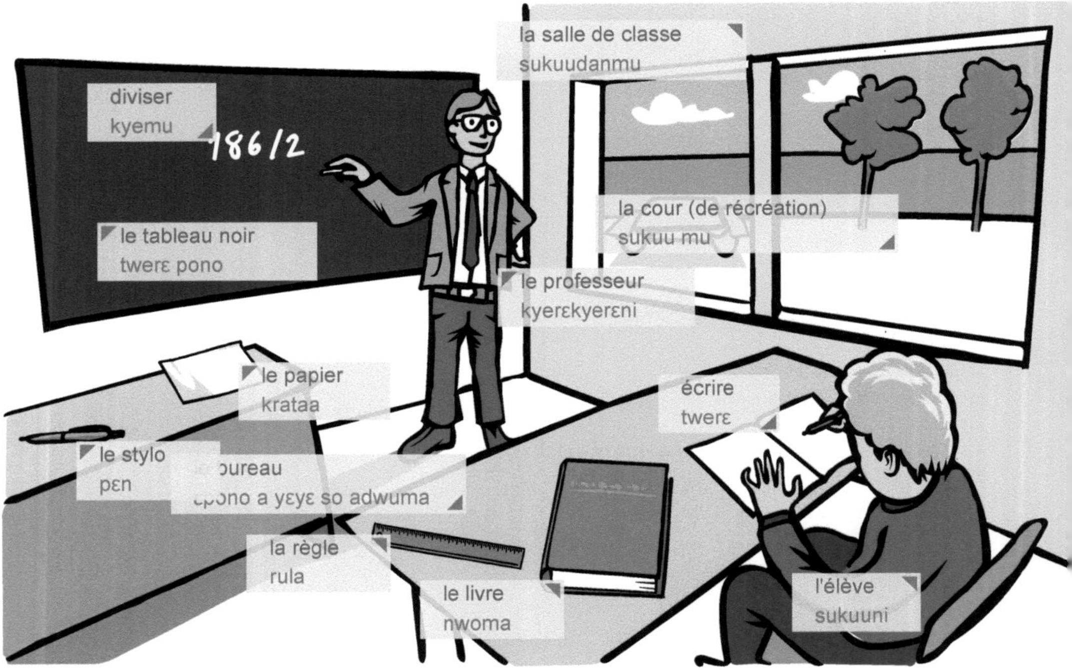

le cartable

baage

la trousse

twerɛdua konko

le crayon

twerɛdua

le taille-crayon

deɛ yɛde sensen twerɛdua
ano

la gomme

rɔba

le carnet à dessin

krataa a yɛdwi adeguso

le dessin

adedwie

le pinceau

penti brɔhye

la boîte de peinture

penti adaka

les ciseaux

apasoɔ

la colle

aman

le cahier d'exercices

nwoma a yɛyɛ mu adwuma

les devoirs

efie adwuma

le chiffre

nɔma

additionner

kabom

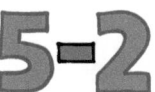

soustraire

te fri mu

multiplier

mmɔho

calculer

sese

la lettre

lɛtɛ

l'alphabet

ntwerɛeɛ

hello

le mot

asɛmfua

le texte

ntwerɛdeɛ

lire

kenkan

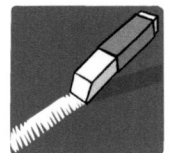

la craie

kyɔk

la leçon

adesua

le livre de classe

twerɛ wo din

l'examen

nsɔhwɛ

le certificat

abodinkrataa

l'uniforme scolaire

sukuu ataadeɛ

la formation

adesua

le lexique

nyansa nwoma

l'université

suapɔn

le microscope

maakroskop

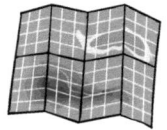

la carte

map

la corbeille à papier

kɛntɛn a yɛde krataa nwura
gu mu

4

l'école - sukuu

le voyage
akwantuo

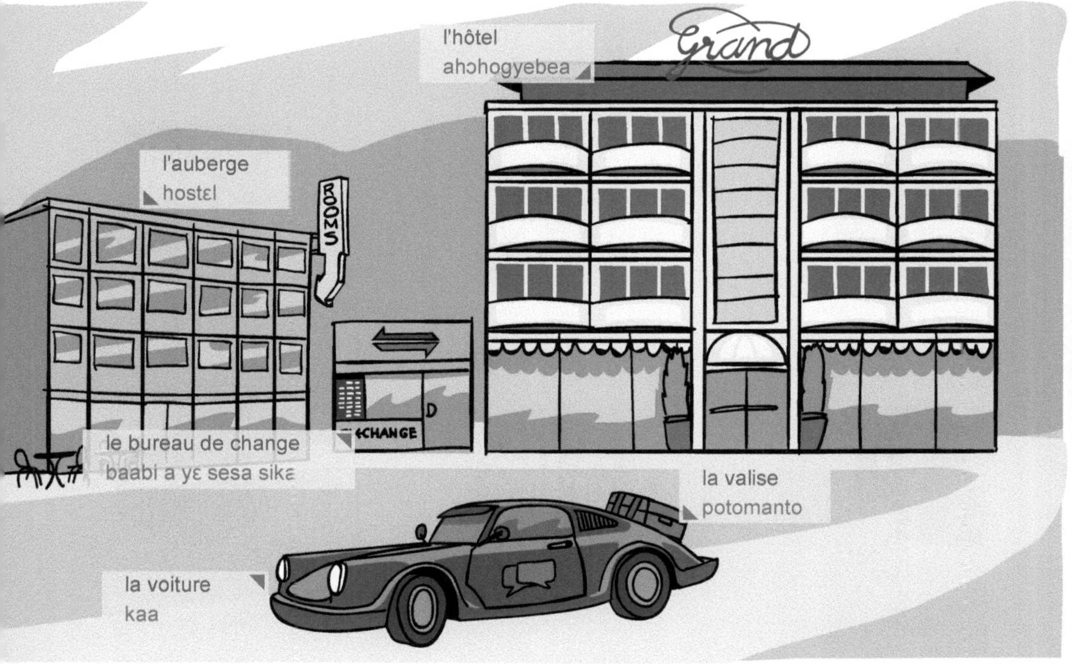
l'hôtel
ahɔhogyebea
Grand
l'auberge
hostɛl
ROOMS
le bureau de change
baabi a yɛ sesa sika
CHANGE
la valise
potomanto
la voiture
kaa

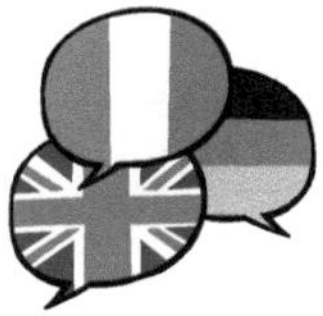

la langue
kasa

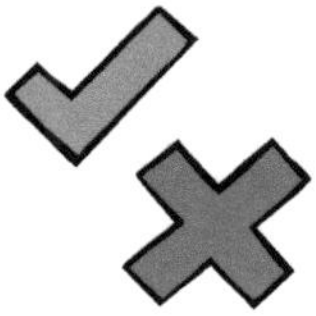

oui / non
aane / dabi

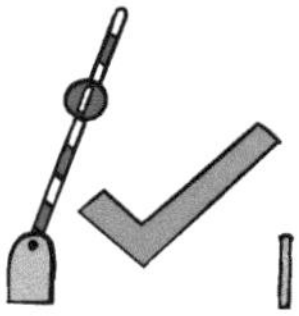

d'accord
Yoo

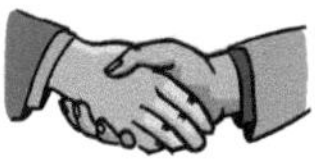

Salut
hɛlo

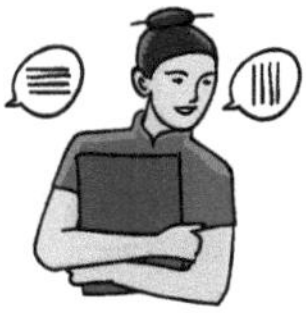

l'interprète
kasa asekyerɛfoɔ

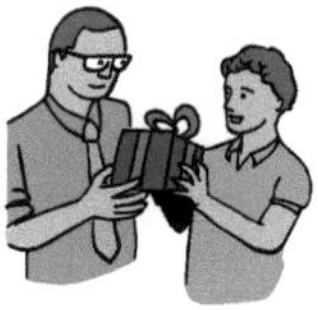

merci
Medaase

Combien coûte...?

...bɔɔ yɛ sɛn?

Je ne comprends pas

Me nte aseɛ

le problème

ɔhaw

Bonsoir !

Maadwo!

Bonjour !

Maakye!

Bonne nuit !

Dayie!

Au revoir

baibai o

la direction

akwankyerɛ

les bagages

wo nneɛma

le sac

bɔtɔ

le sac-à-dos

akyirebɔtɔ

l'hôte

ɔhɔhoɔ

la pièce

danmu

le sac de couchage

bɔtɔ a yɛda mu

la tente

ntomadan

l'office de tourisme

nsɛm dema wɔn a wɔkɔ nsrahwɛ

la plage

mpoano

la carte de crédit

kaade a yɛde yi sika

le petit-déjeuner

anɔpa aduane

le déjeuner

awua aduane

le dîner

anwumerɛ aduane

le billet

tiket

l'ascenseur

pegya

le timbre

stamp

la frontière

ɛhyeɛ so

la douane

kutɔmfoɔ

l'ambassade

embasi

le visa

visa

le passeport

passpɔt

le transport
akɔneabadie

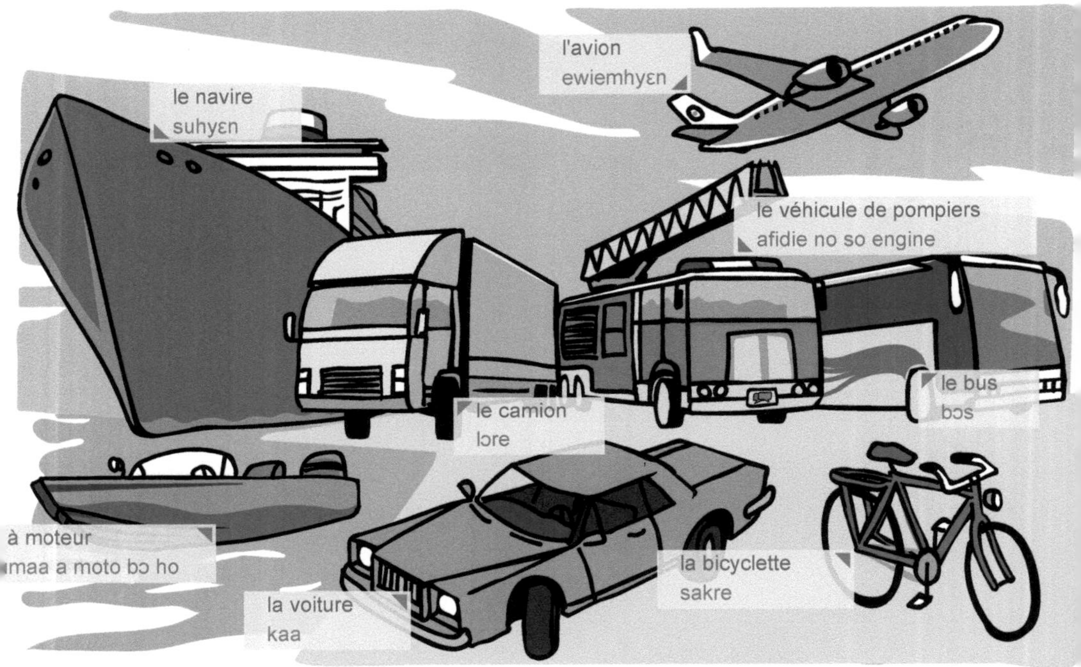
l'avion
ewiemhyɛn
le navire
suhyɛn
le véhicule de pompiers
afidie no so engine
le camion
lɔre
le bus
bɔs
à moteur
maa a moto bɔ ho
la bicyclette
sakre
la voiture
kaa

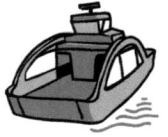

le ferry
hyɛma

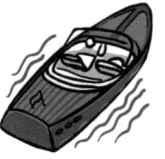

la barque
suhyɛn kumaa

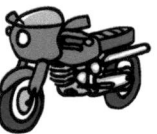

la moto
motosakre

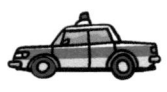

la voiture de police
polisifoɔ kaa

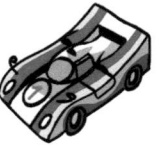

la voiture de course
kaa a ɛkɔ mirika akansie

la voiture de location
kaa a yɛde ma ahan

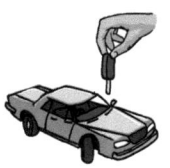

l'auto-partage

wɔre kyɛ kaa

la voiture de remorquage

lɔre a asɛeɛ

la benne à ordures

bɔɔla kaa

le moteur

moto

l'essence

pɛtro

la station d'essence

baabi a yɛbu pɛtro

le panneau indicateur

trafik ahyɛnsodeɛ

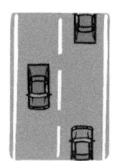

le trafic

trafik

l'embouteillage

trafik akye

le parking

baabi a yɛde kaa esi

la gare

keteke gyinabea

les rails

keteke kwan

le train

keteke

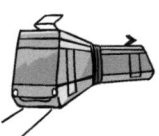

le tramway

tram

le wagon

ponkɔ kaa

l'hélicoptère

helikopta

l'aéroport

ewiemhyɛnbea

la tour

abansoro

le passager

apasingyani

le conteneur

tontowa

le carton

adaka

le chariot

kaate

la corbeille

kɛntɛn

décoller / atterrir

atu / asi fam

la ville

kuro kɛseɛ

le village

akurase

le centre-ville

kuro dwaberɛ mu

la maison

efie

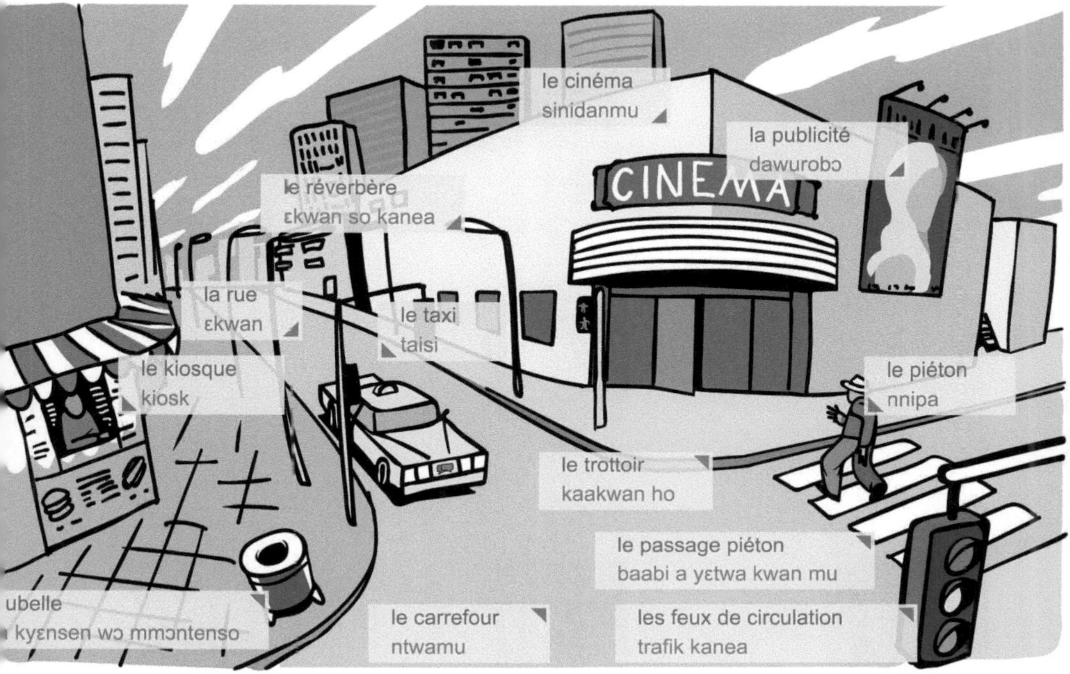

le cinéma
sinidanmu

la publicité
dawurobɔ

le réverbère
ɛkwan so kanea

CINEMA

la rue
ɛkwan

le taxi
taisi

le piéton
nnipa

le kiosque
kiosk

le trottoir
kaakwan ho

le passage piéton
baabi a yɛtwa kwan mu

ubelle
kyɛnsen wɔ mmɔntenso

le carrefour
ntwamu

les feux de circulation
trafik kanea

la cabane
apata

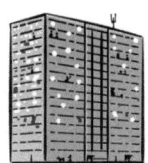

l'appartement
efie

la gare
keteke gyinabea

la mairie
adwaberɛm

le musée
bea a yɛ kora tete nneɛma

l'école
sukuu

l'université

suapɔn

la banque

sikakrobea

l'hôpital

ayaresabea

l'hôtel

ahɔhogyebea

la pharmacie

famasi

le bureau

asoeɛ

la librairie

sotɔɔ a wɔtɔn nwoma

le magasin

sotɔɔ

le fleuriste

baabi yɛtɔn nhwiren

le supermarché

sotɔɔpɔn

le marché

edwam

le grand magasin

sotɔɔ kɛseɛ

la poissonnerie

baabi a yɛtɔn mpataa

le centre commercial

dwadibea kɛseɛ

le port

suhyɛn gyinabea

le parc

baabi kaa gyina

la banque

bɛnkye

le pont

ɛtwene

les escaliers

atwedeɛ

le métro

asaase ase

le tunnel

ɛbɔn

l'arrêt de bus

baabi a bɔs gyina

le bar

nsanombea

le restaurant

adidibea

la boîte à lettres

lɛta adaka

le panneau indicateur

ɛkwan so akwankyerɛ

le parcmètre

baabi kaa gyina ho mita

le zoo

zoo

le réverbère

nsuo a yɛ dware mu

la mosquée

nkramodan

la ferme
afuo

la pollution
deɛ egu mmɔnten so fi

la cimetière
asieɛ

l'église
asɔre

l'aire de jeux
agodibea

le temple
asɔre dan

le paysage

mmɔnten so asiesie

la feuille
ahaban

le panneau indicateur
sanbɔd

le chemin
kwan

le pré
asaase a ɛsere wɔ so

la pierre
boba

le randonneur
ɔnantefoɔ

l'arbre
dua

la rivière
asubɔnten

l'herbe
ɛserɛ

la fleur
nhwiren

la vallée

amenamʊ

la montagne

bepɔ

le lac

tadeɛ

la forêt

kwaeɛ

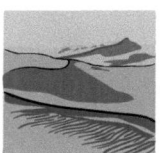

le désert

ɛserɛ so

le volcan

egya a efri botan mu

le château

abankɛseɛ

l'arc-en-ciel

nyankontɔn

le champignon

emere

le palmier

abɛtene

le moustique

ntomntom

la mouche

tu

les fourmis

ntɛtea

l'abeille

wowa

l'araignée

ananse

le coléoptère

amankuo

la grenouille

aponkyerɛni

l'écureuil

opuro

le hérisson

apɛsɛ

le lièvre

adanko

la chouette

patuo

l'oiseau

anomaa

le cygne

nsuo mu dabodabo

le sanglier

kɔkɔte

le cerf

adoa

l'élan

ɔtweenini

le barrage

dam

l'éolienne

wind turbine afidie

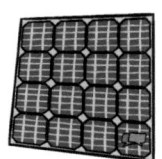

le panneau solaire

afidie a ɛkye awia

le climat

wiem nsakraeɛ

le serveur
ɔsom adidieɛ

le menu
aduane a ɛwɔ hɔ

la chaise
akonwa

la soupe
nkwan

la pizza
pisa

les couverts
ntere a yɛde didi

la nappe
ntoma a ɛse ponc so

les hors d'œuvre

mprampra anom

le plat principal

aduane no ankasa

le dessert

mpa anom

les boissons

nsa

l'alimentation

aduane

la bouteille

toa

le fast-food

aduane hyewhyew

les plats à emporter

abɔnten so aduane

la théière

tii kukuo

le sucrier

asikyire konko

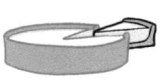

la portion

wo kyɛfa

la machine à expresso

espresso afidie

la chaise haute

akonwa tenten

la facture

wo ka

le plateau

apanpan

le couteau

sekan

la fourchette

adinam

la cuillère

atere

la cuillère à thé

atere ketewa

la serviette

napkin a yɛde pepa ano

le verre

glase

l'assiette

prɛte

l'assiette à soupe

kwan kyɛnsee

la soucoupe

prɛte ketewa

la sauce

abomu

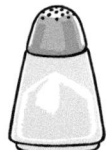

la salière

nkyene kukuo

le moulin à poivre

yɛde yam mako

le vinaigre

fenega

l'huile

anwa

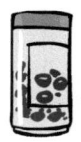

les épices

aduhwam

le ketchup

kɛkyɔp

la moutarde

mustad

la mayonnaise

mayones

le supermarché

sotɔɔpɔn

l'offre promotionnelle
ntesoɔ soronko
FOR
le client
adetɔfoɔ
les produits laitiers
nanatwie nufusuo
les fruits
aduaba
le chariot
hwiili

BUTCHERS

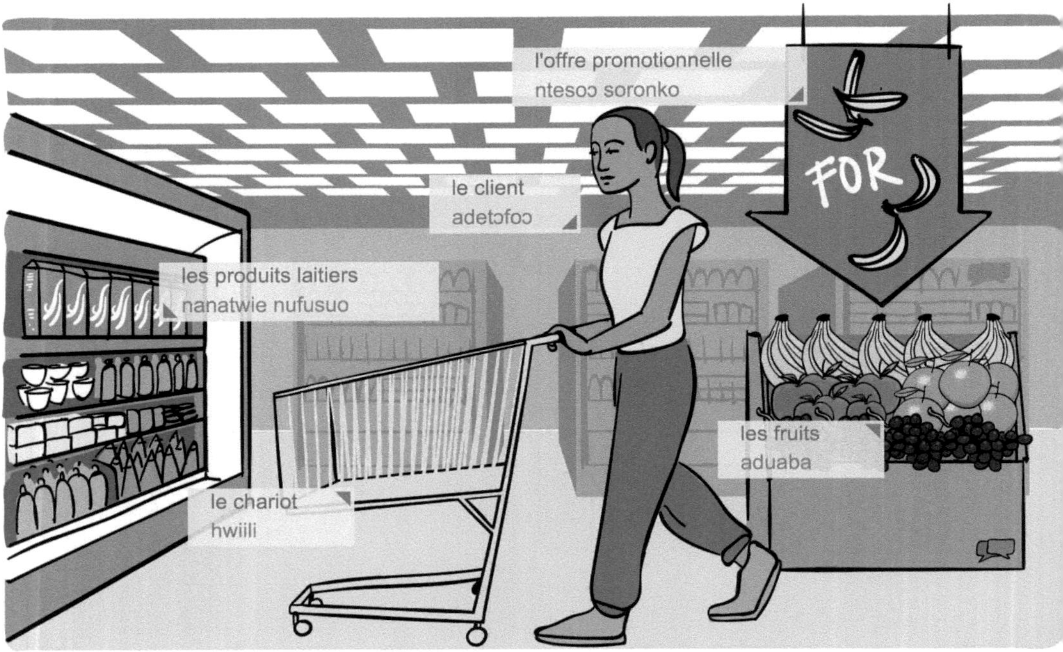

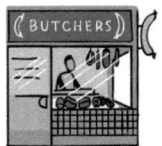

la boucherie

baabi a yɛtɔn nam

BAKERY

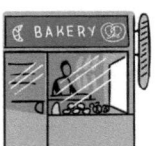

la boulangerie

baabi a yɛtɔn paano

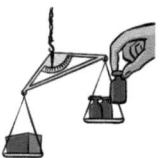

peser

susu

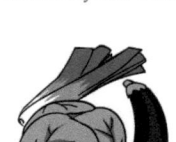

les légumes

atosodeɛ

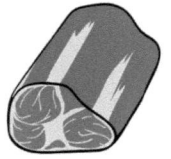

la viande

nam

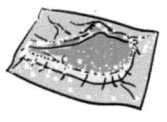

les aliments surgelés

frigyemu aduane

la charcuterie

nam a adwɔɔ

les conserves

kyɛnsee mu aduane

la poudre à lessive

paoda samena

les bonbons

adedɔkɔdɔkɔ

les articles ménagers

efie nneɛma

les détergents

adetɔneɛ a yɛde pepa fin

la vendeuse

nnipa a ɔtɔn adeɛ

la caisse

afidie a egye sika

le caissier

ɔgyegye sika

la liste d'achats

krataa a wodi rekɔ di dwa

les heures d'ouverture

berɛ a wɔde bua

le portefeuille

sikabotɔ

la carte de crédit

kaade a yɛde yi sika

le sac

baage

le sac en plastique

rɔba baage

le supermarché - sotɔɔpɔn

21

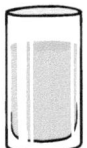

l'eau
....
nsuo

le jus de fruit
....
aduaba mu nsuo

le lait
....
nufusuo

le coca
....
kok

le vin
....
wain nsa

la bière
....
biya

l'alcool
....
mmorosa

le chocolat chaud
....
kokoo

le thé
....
tii

le café
....
kofe

l'expresso
....
espresso

le cappuccino
....
kapukyino

la banane

kwadu

la pomme

apol

l'orange

ankaa

le melon

melon

le citron.

akutɔɔ

la carotte

karɔt

l'ail

garlik

le bambou

pampro

l'oignon

gyeene

le champignon

mmere

les noisettes

nkateɛ

les pâtes

talia

les spaghetti

spageti

le riz

ɛmo

la salade

salad

les pommes frites

kyipis

les pommes de terre rôties

abrɔdwomaa a y'akye

la pizza

pisa

le hamburger

hambɔga

le sandwich

sanwekye

l'escalope

nam a dompe nnim

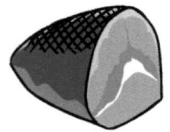

le jambon

preko nam

le salami

nam a y'ahata

la saucisse

sɔsege

le poulet

akokɔ

le rôti

toto

le poisson

apataa

les flocons d'avoine

oosu koko

le muesli

muesli

les cornflakes

konflese

la farine

esam

le croissant

krossant

les petits-pains

paano a y'abobɔ

le pain

paano

le pain grillé

paano a y'atoto

les biscuits

biskete

le beurre

bɔta

le fromage blanc

nufusuo a ada

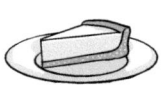

le gâteau

keeke

l'œuf

kosua

l'œuf au plat

kosua a y'akyeɛ

le fromage

kyiis

la glace

asskrim

le sucre

asikyire

le miel

ɛwoɔ

la confiture

gyaam

la crème nougat

kyokolete

le curry

kɔri

la ferme
afuomdan

la botte de paille
ɛserɛ a y'aboa ano

la grange
afuomdan

le champ
asaase

le cheval
pɔnkɔ

la remorque
trela

le poulain
pɔnkɔ ba

le tracteur
trakta

l'âne
afunumu

le mouton
odwan

l'agneau
oguama

la chèvre

apɔnkye

la vache

nantwie

le veau

nantwie ba

le porc

prɛko

le porcelet

prɛko ba

le taureau

nantwinini

l'oie

dabodabo nua

le canard

dabodabo

le poussin

akokɔba

la poule

akokɔbedeɛ

le coq

akokɔnini

le rat

kusie

le chat

ɔkra

la souris

akura

le bœuf

nantwinini

le chien

kraman

le chenil

kraman buo

le tuyau de jardin

afuom drobɛn

l'arrosoir

tontora a yɛde gu nsuo

la faucheuse

sekan a yɛde twa aburo

la charrue

funtum dadeɛ

la faucille

kɔntɔnkrɔ

la pioche

asɔ

la fourche

afuom adinam

la hache

akuma

la brouette

hweebaro

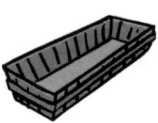

la cuve

adidika

le pot à lait

nufusuo konko

le sac

bɔtɔ

la clôture

ɛban

l'étable

pɔnkɔ dan

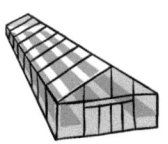

le serre

ntomadan a yɛyɛ mu afuo

le sol

anwea

les semences

aba

l'engrais

ɔyɛ asaaseyie

la moissonneuse-batteuse

otwaberɛ trakta

récolter

twa

la récolte

otwaberε

l'igname

bayerε

le blé

ayuo

le soja

soya

la pomme de terre

abrɔdwomaa

le maïs

aburo

le colza

repu aba

l'arbre fruitier

dua a εso aba

le manioc

bankye

les céréales

aburo asefoɔ

la maison

efie

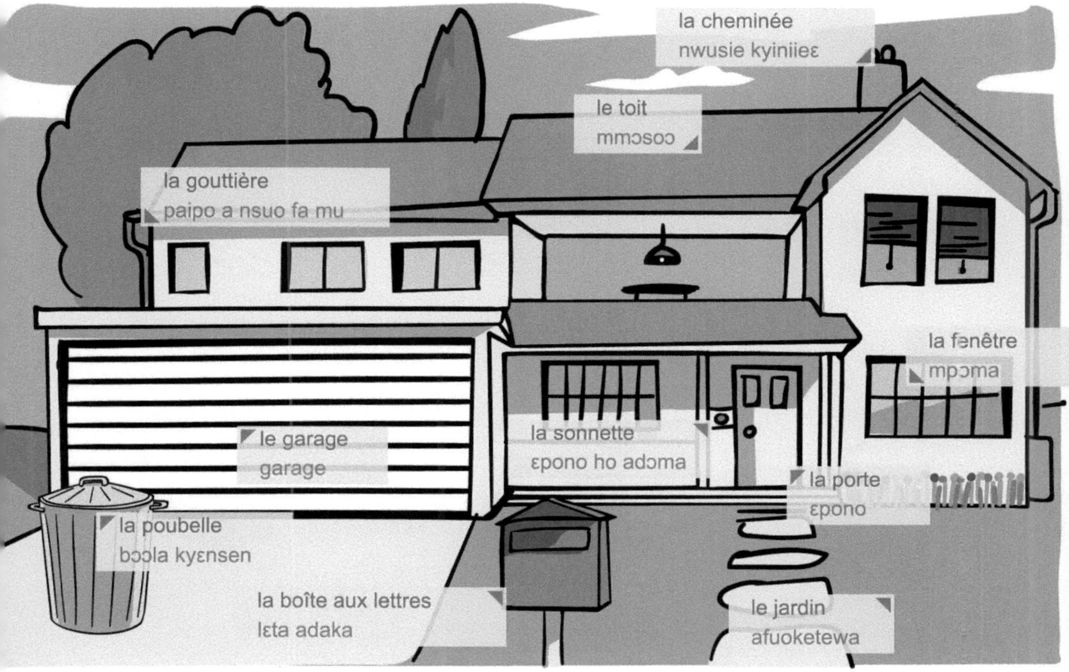

la cheminée
nwusie kyiniieɛ
le toit
mmɔsoɔ
la gouttière
paipo a nsuo fa mu
la fenêtre
mpɔma
le garage
garage
la sonnette
ɛpono ho adɔma
la porte
ɛpono
la poubelle
bɔɔla kyɛnsen
la boîte aux lettres
lɛta adaka
le jardin
afuoketewa

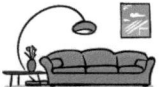

le salon

asaso

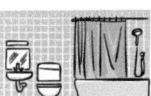

la salle de bain

adwareɛ

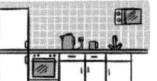

la cuisine

mukaase

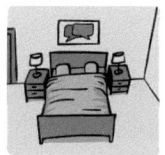

la chambre à coucher

pie mu

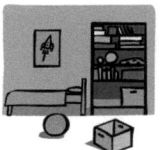

la chambre d'enfant

nkwadaa dan mu

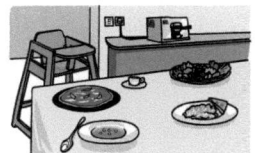

la salle à manger

dan a yɛdidi mu

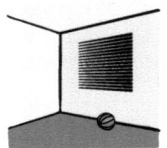

le sol
εfam

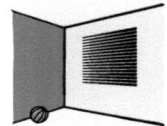

le mur
εban

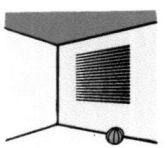

le plafond
abruuso

la cave
danbloo

le sauna
adwereε a εbɔ ɔhyew

le balcon
abranaa

la terrasse
abranaaso

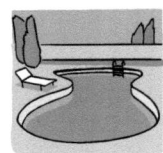

la piscine
nsuo a yεdware mu

la tondeuse à gazon
afidie a yεde dɔ

la housse
nsεfam

la couette
ntoma a εse kεtε so

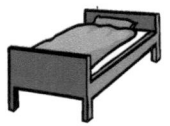

le lit
mpa

le balai
prayε

le sceau
bokiti

l'interrupteur
dane

le salon

asaso

le papier peint
krataa a ɛfam dan ho
l'image
nfonin
la lampe
kanea
l'étagère
kɔbɔd
l'armoire
kɔbɔd adaka
la télé
tiivi
la cheminée
egya dabrɛ
la fleur
nhwiren
le coussin
kuhyɛn
le sofa
akonwa kɛseɛ
le vase
kukuo a nhwiren hye mu
la télécommande
remote

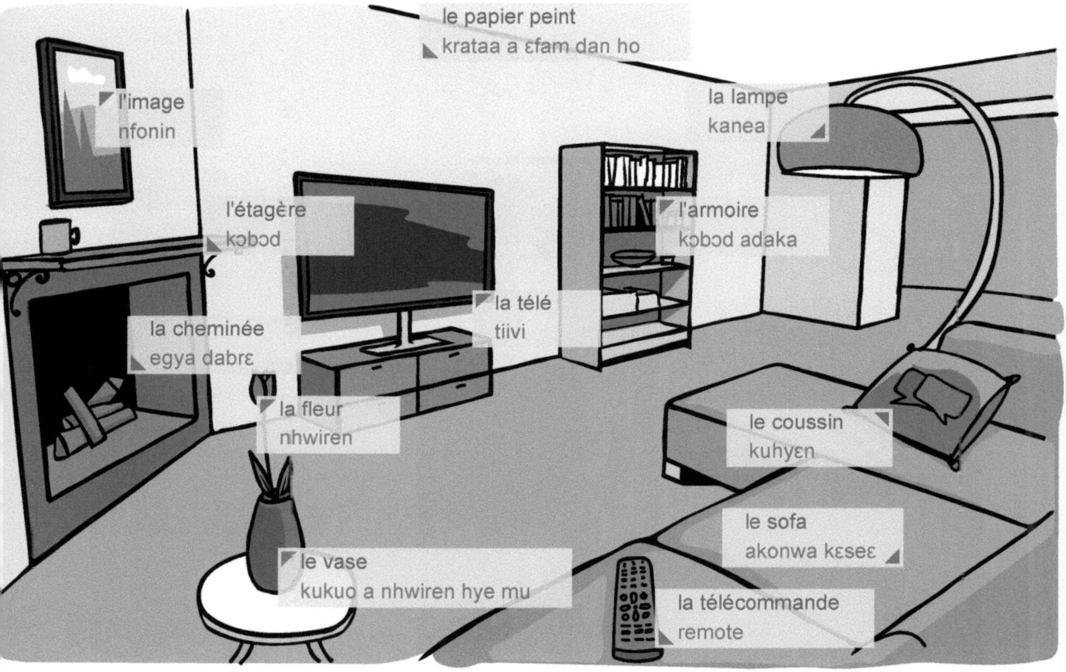

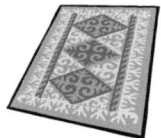

le tapis

kapɛte

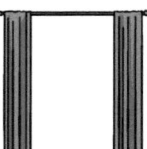

le rideau

ntwaa dan mu

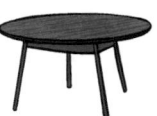

la table

ɛpono

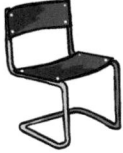

la chaise

akonwa

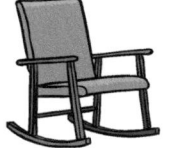

la chaise à bascule

akonwa a ehinhim

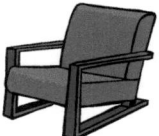

le fauteuil

akonwa a yɛgyegye dan

le livre

nwoma

la couverture

kuntu

la décoration

dan mu nsiesie

le bois de chauffage

egya

le film

sini

la chaîne hi-fi

wailɛs

la clé

safoa

le journal

koowaa krataa

la peinture

nfonin a y'adwi

le poster

nfam danho

la radio

radio

le bloc-notes

krataa a yɛ twere mu

l'aspirateur

afidie a ɛprapra

le cactus

kaktus

la bougie

kyɛnere

la cuisine
mukaase

le réfrigérateur
frigye
le four à micro-ondes
maikrowave
la balance de cuisine
mukaase skeele
le grille-pain
tosta
le détergent
samena
le four
foonoo
le compartiment congélateur
friza
la poubelle
bɔɔla kyɛnsen
le lave-vaisselle
afidie a ɛhohoro nkukuo mu

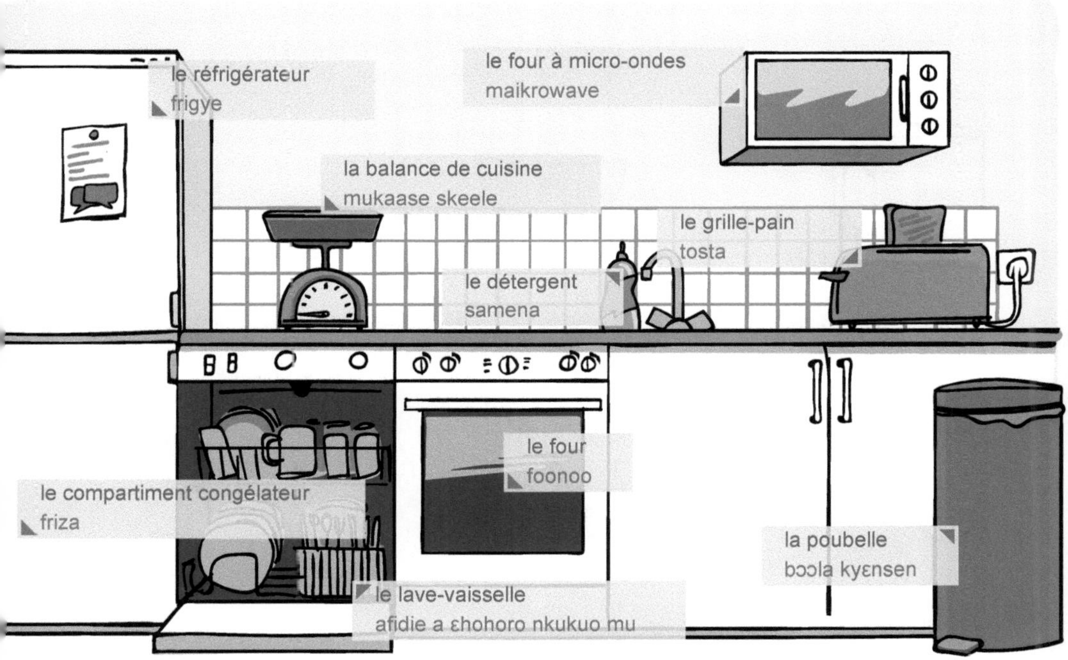

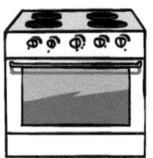

le four

abɛɛfo bukyea

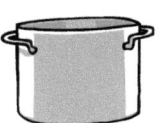

la casserole

kokuo

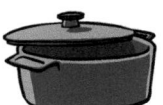

la marmite

dadesɛn

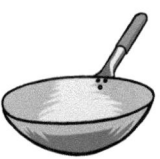

le wok / kadai

wok / kadai

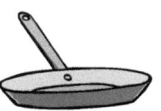

la poêle

kyɛnsee

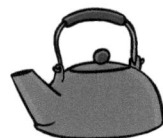

la bouilloire electrique

nsuo hyeɛ afidie

le cuiseur vapeur

stiima

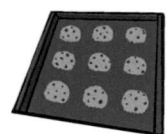

la plaque de cuisson

apa a yɛ to so adeɛ

la vaisselle

prɛte, kuruwa, ntere ne nea
ɛkeka ho

le gobelet

kuruwa a etumi bɔ

la coupe

kyɛnsee

les baguettes

nnua a yɛde didi

la louche

kwantre

la spatule

dua atere

le fouet

yɛde nu adeɛ mu

la passoire

sɔneɛ

le tamis

fefe

la râpe

greta

le mortier

waduro

le barbecue

kyinkyinga

la cheminée

bukyea

la planche à découper

ɛpono a yɛ twitwaso adeɛ

le rouleau à pâtisserie

ɛta

le tire-bouchon

deɛ yɛtu nsa so

la boîte

konko

l'ouvre-boîte

deɛ yɛde bue konko so

les maniques

yɛde sɔ kukuo mu

le lavabo

sink

la brosse

brɔhye

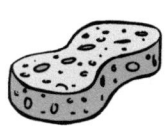

l'éponge

sapɔ

le mixeur

aduane yam fidie

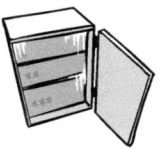

le congélateur

friza nini

le biberon

toa a abɔdoma nom anc

le robinet

paipo

la salle de bain

adwareɛ

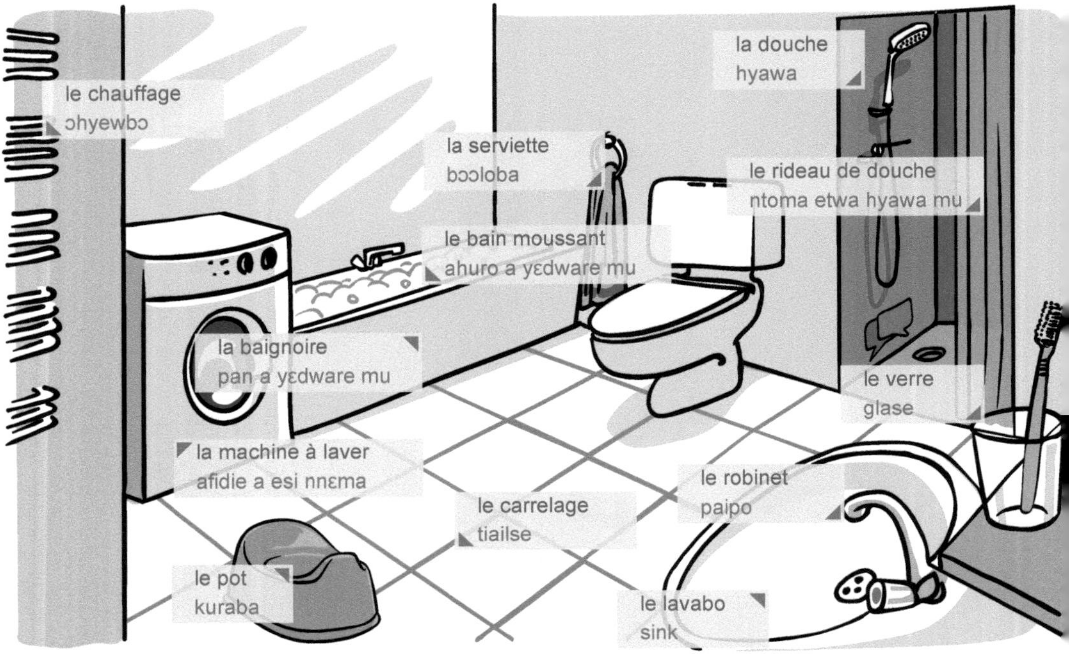
le chauffage
ɔhyewbɔ
la serviette
bɔɔloba
la douche
hyawa
le rideau de douche
ntoma etwa hyawa mu
le bain moussant
ahuro a yɛdware mu
la baignoire
pan a yɛdware mu
le verre
glase
la machine à laver
afidie a esi nnɛma
le robinet
paipo
le carrelage
tiailse
le pot
kuraba
le lavabo
sink

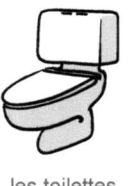

les toilettes

teɛfi

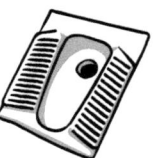

la toilette à la turque

teɛfi a yɛ koto so

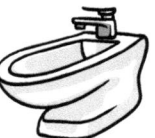

le bidet

bidet teɛfi

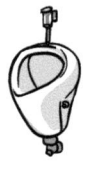

l'urinoir

dwonsɔ dan

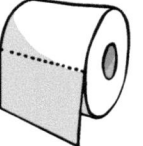

le papier toilette

teɛfi so krataa

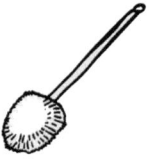

la brosse à toilette

teɛfi so brɔhye

la brosse à dents

brɔhye a yɛde twitwiri see

le dentifrice

aduro a yɛde twitwiri see

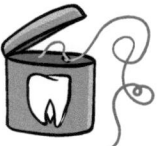

le fil dentaire

yɛde yiyi ɛsee mu

laver

si

la douche manuelle

hyawa a yɛsɔ mu

la douche intime

paipo a yɛde hohoro ananmu

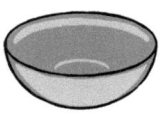

la vasque

bokiti

la brosse dorsale

brɔhye a wode dware w'akyi

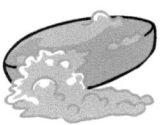

le savon

samena

le gel douche

hyawa samena

le shampooing

nsuo samena

le gant de toilette

flanɛl ntoma

l'écoulement

baabi a nsu fa pue

la crème

nku

le déodorant

yɛde fefa amotoamu

le miroir

ahwehwɛ

le miroir cosmétique

ahwehwɛ a yɛsɔ mu

le rasoir

bled

la mousse à raser

ahuro a yɛde yi nwi

l'après-rasage

aduro a yɛde fefa baabi a
wo ayi nwi

la peigne

afen

la brosse

brɔhye

le sèche-cheveux

afidie a ɛwo nwi

la laque pour cheveux

enwi sopre

le fond de teint

pɔns

le rouge à lèvres

lipstike

le vernis à ongles

penti a yɛde mɔreɛ so

l'ouate

asaawa

le coupe-ongles

apasɔɔ a etwa mmɔreɛ

le parfum

aduhwam

la trousse de toilette

adwareɛ baage

le tabouret

edwa

le pèse-personne

skele

le peignoir

adwereɛ ataadeɛ

les gants de nettoyage

rɔba a yɛde hyɛ nsa ho

le tampon

tampon

les serviettes hygiéniques

abɛɛfo amonsen

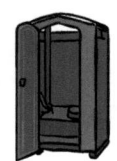

la toilette chimique

teɛfi a aduro gum

la chambre d'enfant
nkwadaa dan mu

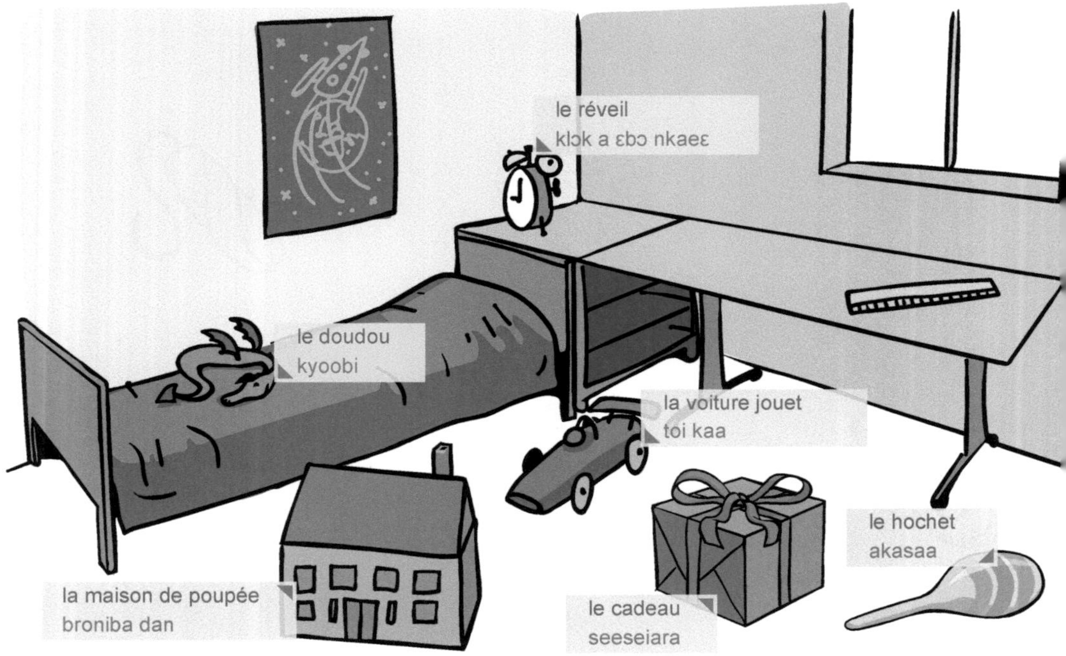
le réveil
klɔk a ɛbɔ nkaeɛ
le doudou
kyoobi
la voiture jouet
toi kaa
le hochet
akasaa
la maison de poupée
broniba dan
le cadeau
seeseiara

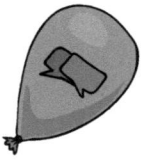

le ballon

baaluu

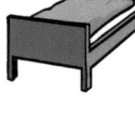

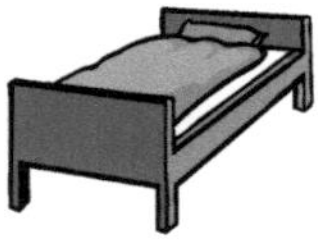

le lit

mpa

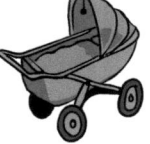

la poussette

nkwadaa kaa

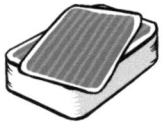

le jeu de cartes

sopaa

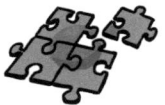

le puzzle

gyiksɔɔ

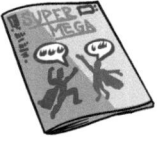

la bande dessinée

nsɛnkwa

les pièces lego

lego blɔg

les blocs de construction

blɔg a yɛde si dan

la figurine

nnipa ɔbɔhye

la grenouillère

abɔdoma ataadeɛ

le frisbee

frisbee

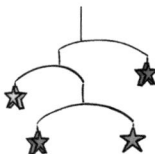

le mobile

mobail

le jeu de société

ponoso agodie

le dé

daahye

le train miniature

nkwadaa keteke

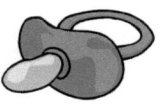

la sucette

koliko

la fête

apontoɔ

le livre d'images

nfonin nwoma

la balle

bɔɔlo

la poupée

broniba

jouer

di agorɔ

le bac à sable

anwea adaka

la balançoire

adonko

les jouets

tois

la console de jeu

video agodie apaawa

le tricycle

sakre a ne nan mɛɛnsa

l'ours en peluche

kyoobi

l'armoire

wɔdropo

les vêtements

ntaadeɛ

les chaussettes

sɔks

les bas

stokens

le collant

sekentait

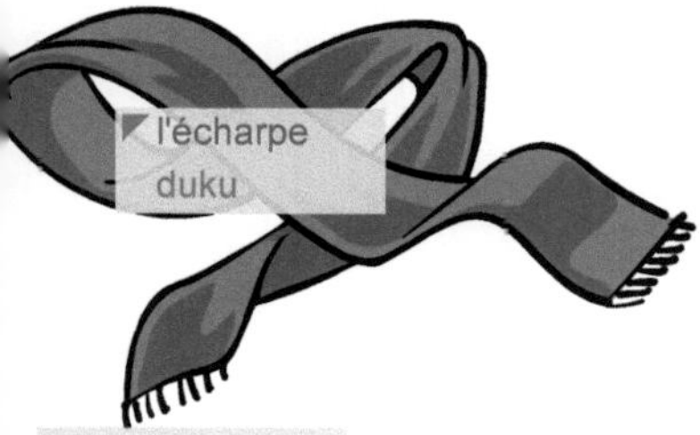

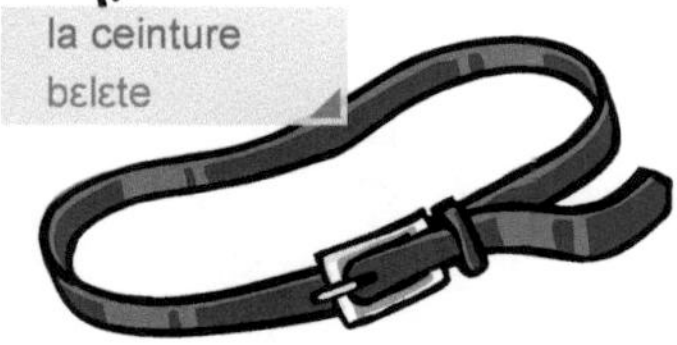

l'écharpe
duku

le parapluie
kyinieɛ

le t-shirt
t-hyɛɛt

la ceinture
bɛlɛte

les bottes
mpaboa

les pantoufles
kyalewate

les baskets
kamboo

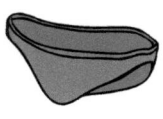
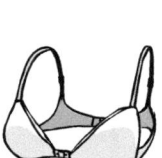

les sandales
....
asopatre

les chaussures
....
mpoboa

les bottes de caoutchouc
....
rɔba mpaboa

les sous-vêtements
....
ɛtam

le soutien-gorge
....
bra

le maillot de corps
....
singlɛte

le body

nipadua

le pantalon

trɔsa

le jean

gyins

la jupe

sekɛɛt

le chemisier

ɛsoro ataadeɛ

la chemise

hyɛɛte

le pull

nkatoho a ɛko awɔ

le sweat à capuche

hoodie

la veste

koot

la veste

nkatasɔɔ

le manteau

nkatasɔɔ

l'imperméable

nsutɔ mu nkataho

le costume

dwumadie bi ho ataadeɛ

la robe

mmaa atadeɛ

la robe de mariée

ayefrɔ ataadeɛ

le costume

kootu

la chemise de nuit

mmaa ataadeɛ a yɛde da

le pyjama

pigyamas ataadeɛ

le sari

sari

le foulard

duku

le turban

abotire

la burqa

burka

le caftan

kaftan

l'abaya

nkramofoɔ mmaa atadeɛ

le maillot de bain

ataɛdeɛ a yɛde dware nsuo

le maillot de bain

asenemu ataadeɛ

le short

nika

la tenue d'entraînement

agokansie ntaadeɛ

le tablier

akatasoɔ

les gants

nsa nkataho

le bouton

bɔtom

les lunettes

sopɛɛse

le bracelet

ahwneɛ

le collier

komadeɛ

la bague

kawa

la boucle d'oreille

asomadeɛ

le bonnet

ɛkyɛ

le cintre

yɛde koot sɛn so

le chapeau

ɛkyɛ

la cravate

abɔmene mu

la fermeture éclair

zip

le casque

ɛkyɛ denden

les bretelles

bresis

l'uniforme scolaire

sukuu ataadeɛ

l'uniforme

adwuma ataadeɛ

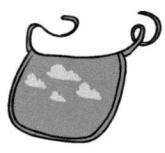

le bavoir

mmɔfra bib

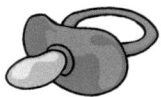

la sucette

koliko

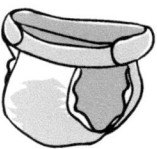

la lange

nkwadaa napken

le bureau

asoeɛ

le serveur
sɛɛva
l'armoire d'archivage
kabenɛt
l'imprimante
printa
le papier
krataa
l'écran
monita
le bureau
ɛpono a yɛyɛ so adwuma
la souris
Maws
le classeur
nhyemu
le clavier
ntwerɛeɛ pono
ɔrbeille à papier
ɛn a yɛde krataa nwura gu mu
la chaise
akonnwa
l'ordinateur
komputa

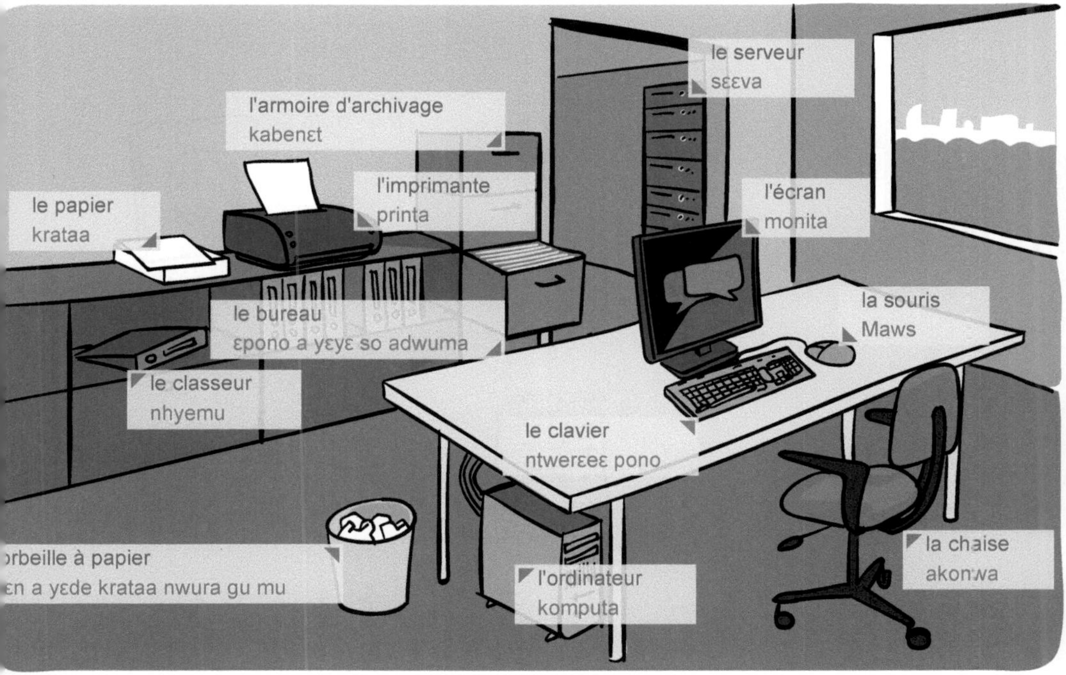

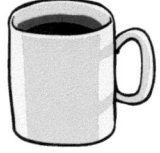

la tasse de café

kɔfe kuruwa

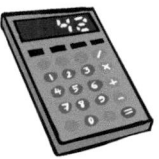

la calculatrice

akontabuo fidie

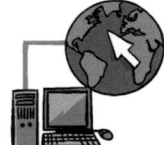

l'internet

intanɛt

l'ordinateur portable
laptop

la lettre
lɛta

le message
nkratɔɔ

le portable
mobail kasafidie

le réseau
nɛtwɛke

la photocopieuse
fotokɔpi

le logiciel
softwɛɛ

le téléphone
tetefon

la prise
sɔkɛt

le fax
faks afidie

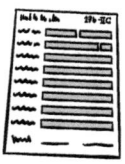

le formulaire
katraa

le document
nkrataa

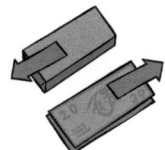

acheter

tɔ

payer

tua

faire du commerce

di dwa

la monnaie

sika

 **USD**

le dollar

dollar

 **EUR**

l'euro

euro

 **JPY**

le yen

yen

 **RUB**

le rouble

rubel

 **CHF**

le franc suisse

Swiss franks

 **CNY**

le renminbi yuan

renminbi yuan

 **INR**

la roupie

rupii

le distributeur automatique

baabi yɛtua sika

le bureau de change

baabi a yɛ sesa sika

l'or

sika kɔkɔɔ

l'argent

dwetɛ

le pétrole

now

l'énergie

ahooden

le prix

ne boɔ

le contrat

kontragye

la taxe

ɛtoɔ

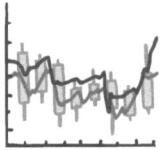

l'action

stɔk

travailler

adwuma

l'employé

adwumayɛni

l'employeur

adwumawura

l'usine

mfididwuma mu

le magasin

sotoɔ

les professions
nwuma ahodoɔ

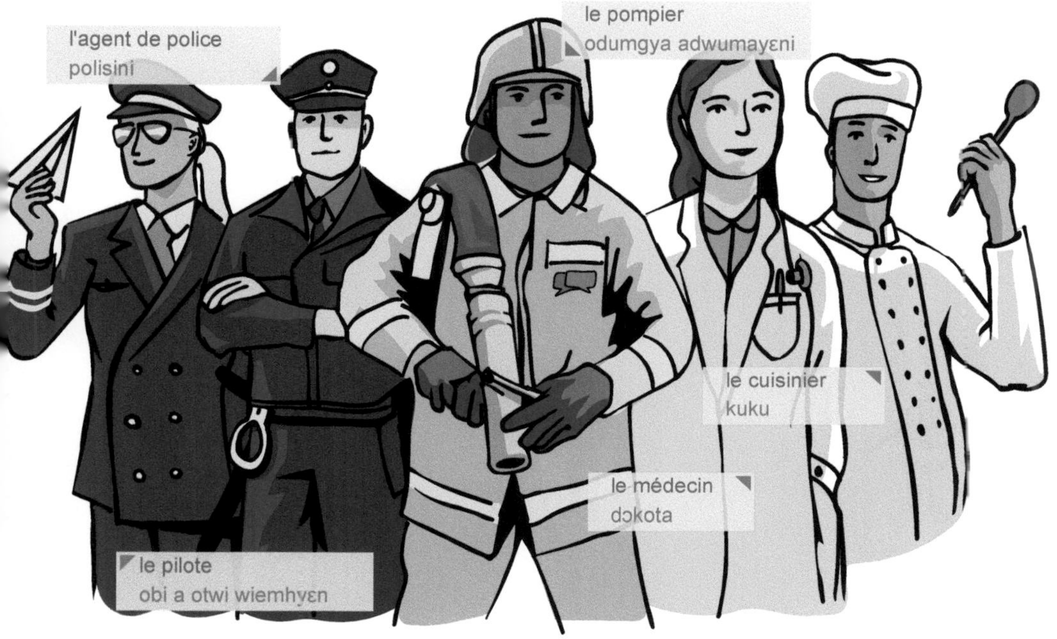
l'agent de police
polisini
le pompier
odumgya adwumayɛni
le cuisinier
kuku
le médecin
dɔkota
le pilote
obi a otwi wiemhyɛn

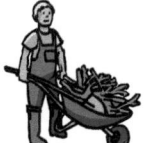

le jardinier

ɔyɛ afuo

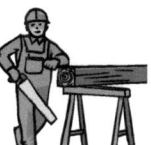

le menuisier

dua dwomfoɔ

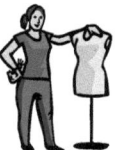

la couturière

adepani baa

le juge

atɛnmuafoɔ

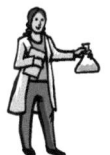

le chimiste

ɔtɔn nnuro

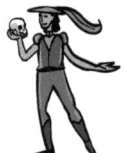

l'acteur

sini yɛfoɔ

le conducteur de bus

bɔs drɔba

le chauffeur de taxi

taisi drɔba

le pêcheur

ɔpofoɔ

la femme de ménage

ɔbaa a osiesie fie

le couvreur

ɔbɔdanso

le serveur

ɔsom adidieɛ

le chasseur

bɔmɔfoɔ

le peintre

penta

le boulanger

ɔto paano

l'électricien

ɔyɛ nkaneɛ ho adwuma

l'ouvrier

ɔdansifoɔ

l'ingénieur

inginia

le boucher

ɔdwa nam

le plombier

plɔmba

le facteur

krataa manefoɔ

le soldat

sogyani

l'architecte

ɔdwi adan

le caissier

ɔgyegye sika

le fleuriste

ɔtɔn nhwiren

le coiffeur

ɔyɛ tire

le contrôleur

meeti

le mécanicien

fitani

le capitaine

nnipa a otwi suhyɛn

le dentiste

ɛsee dɔkota

le scientifique

abɔdeɛ mu nimdefoɔ

le rabbin

rabi

l'imam

kramo panin

le moine

ɔsɔfo

le prêtre

ɔsɔfo

les outils
anwenade

le marteau
hama
les pinces
playa
le tournevis
skrudrɔba
la clé
sopana
la torche
abɛɛfo tɛnee

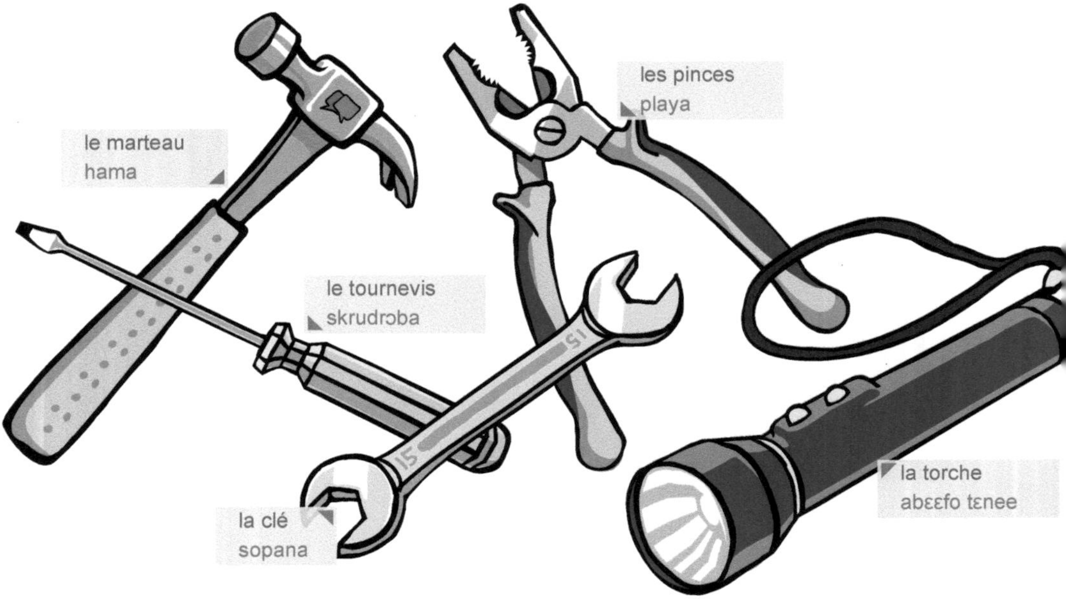

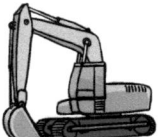

la pelleteuse

otu amena

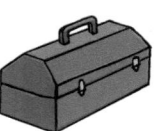

la boîte à outils

anwenade adaka

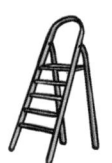

l'échelle

atwedeɛ

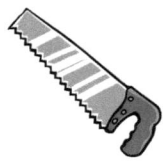

la scie

asradaa

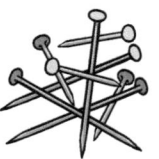

les clous

nnadewa

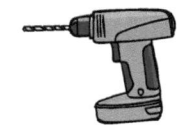

la perceuse

afidie a yɛde bɔne tokro

réparer

siesie

la pelle

sofi

Mince !

Ebei!

la pelle

asanwura

le pot de peinture

penti kukuo

les vis

skruu

les instruments de musique
nnɛɛma a yɛde bɔ nwom

la batterie
nneama a yɛde bɔ ntwene

le haut-parleurs
msopika a anoyɛden

la guitare
dwitae

la contrebasse
bass dwitae kɛseɛ

la trompette
abɛn

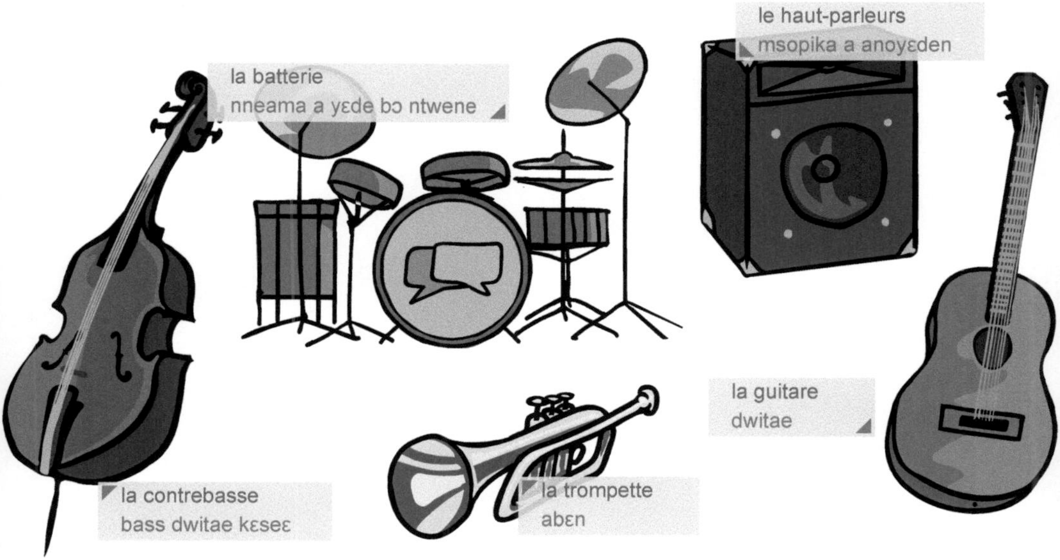

le piano

sankuo

le violon

ahoma sankuo

la basse

bass dwitae

les timbales

atumpan

le tambour

ntwene

le piano électrique

ntwerɛɛ apa

le saxophone

saksofon

la flûte

atentenbɛn

le microphone

maikrofon

le zoo

zoo

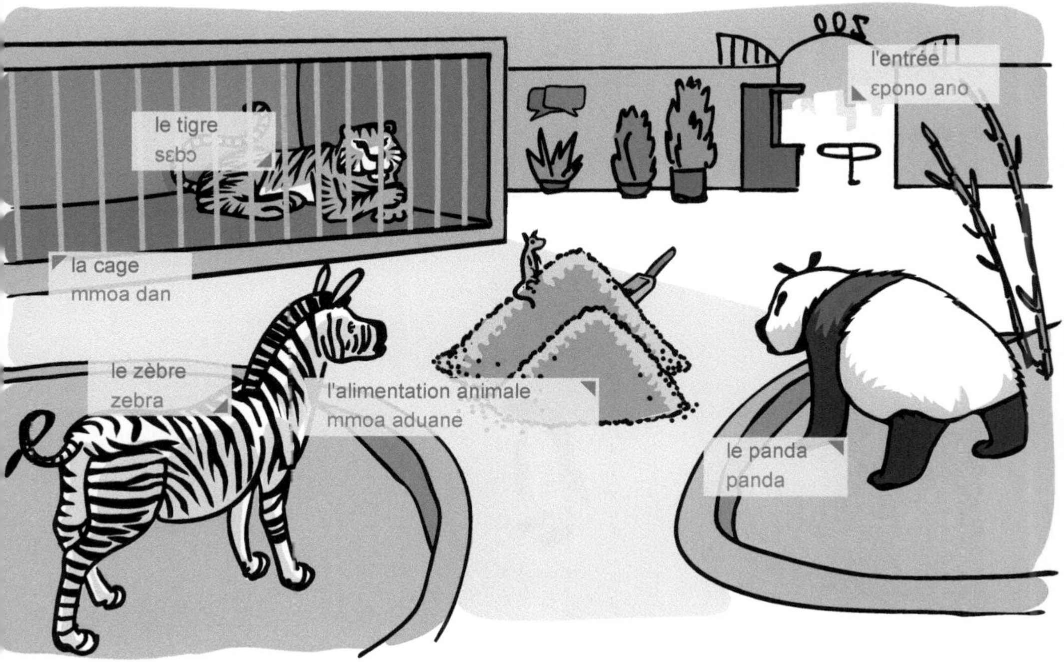
l'entrée
ɛpono ano
le tigre
sɛbɔ
la cage
mmoa dan
le zèbre
zebra
l'alimentation animale
mmoa aduane
le panda
panda

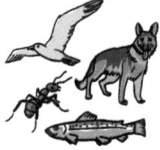

les animaux

mmoa

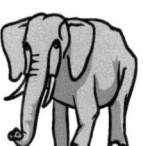

l'éléphant

ɔsono

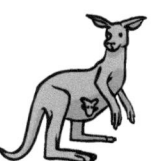

le kangourou

kangaru

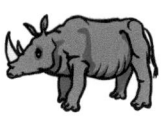

le rhinocéros

raino

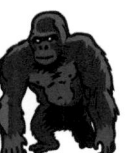

le gorille

akatea

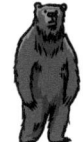

l'ours

sisire

le chameau

afunuponko

l'autruche

sohori

le lion

gyata

le singe

adwee

le flamand rose

flamingo

le perroquet

ako

l'ours polaire

awɔ mu sisire

le pingouin

penguin

le requin

oboodede

le paon

akɔkonini abankwa

le serpent

wɔwɔ

le crocodile

dɛnkyɛm

le gardien de zoo

nnipa ɛhwɛ zoo so

le phoque

nsuo mu gyata

le jaguar

sebɔ

le poney

pɔnkɔ ba

le léopard

etwie

l'hippopotame

susuono

la girafe

kɔntenten

l'aigle

ɔkɔdeɛ

le sanglier

kɔkɔte

le poisson

apataa

la tortue

sudandan

le morse

walrus

le renard

sakraman

la gazelle

ɔtwee

l'american Football
Amerikafoɔ futbɔɔlo

le cyclisme
skre twie

le tennis
tennis

le basket-ball
basketbɔɔlo

la natation
nsuom adwareɛ

le hockey sur glace
asukɔkyea so hɔki

la boxe
akutruku

le football
futbɔl

le badminton
badmintin

l'athlétisme
mirikatuo

le handball
bɔɔlo a yɛde nsa bɔ

le ski
skii

le polo
polo

sauter
huri

embrasser
bam

rire
sere

marcher
nante

chanter
to dwom

rêver
so daɛɛ

prier
bɔ mpaeɛ

faire la bise
fe ano

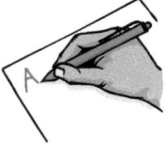

écrire

twerɛ

dessiner

dwi

montrer

kyerɛ

pousser

pia

donner

ma

prendre

fa

avoir

nya

faire

yɛ

être

yɛ

être debout

gyina

courir

tu mirika

trier

twe

jeter

to

tomber

tɔ fam

être couché

da hɔ

attendre

twɛn

porter

soa

être assis

tenase

s'habiller

hyɛ ataadeɛ

dormir

da

se réveiller

nyane

regarder

hwɛ

pleurer

su

caresser

san ho

peigner

nunum

parler

kasa

comprendre

te aseɛ

demander

bisa

écouter

tie

boire

nom

manger

didi

ranger

yɛ nsiesie

aimer

ɔdɔ

cuire

noa

conduire

twi

voler

tu

faire de la voile

fa nsuo so

calculer

sese

lire

kenkan

apprendre

sua

travailler

adwuma

se marier

ware

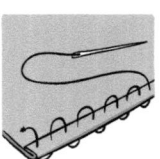

coudre

pam

brosser les dents

twitwiri wo se

tuer

kum

fumer

nom gyɔt

envoyer

mane

la grand-mère
nana baa

le grand-père
nana barima

le père
papa

la mère
maame

le bébé
abɔdoma

la fille
ba baa

le fils
ba barima

l'hôte

ɔhɔhoɔ

la tante

sewaa

l'oncle

wɔfa

le frère

nua barima

la sœur

nua baa

le corps

nipadua

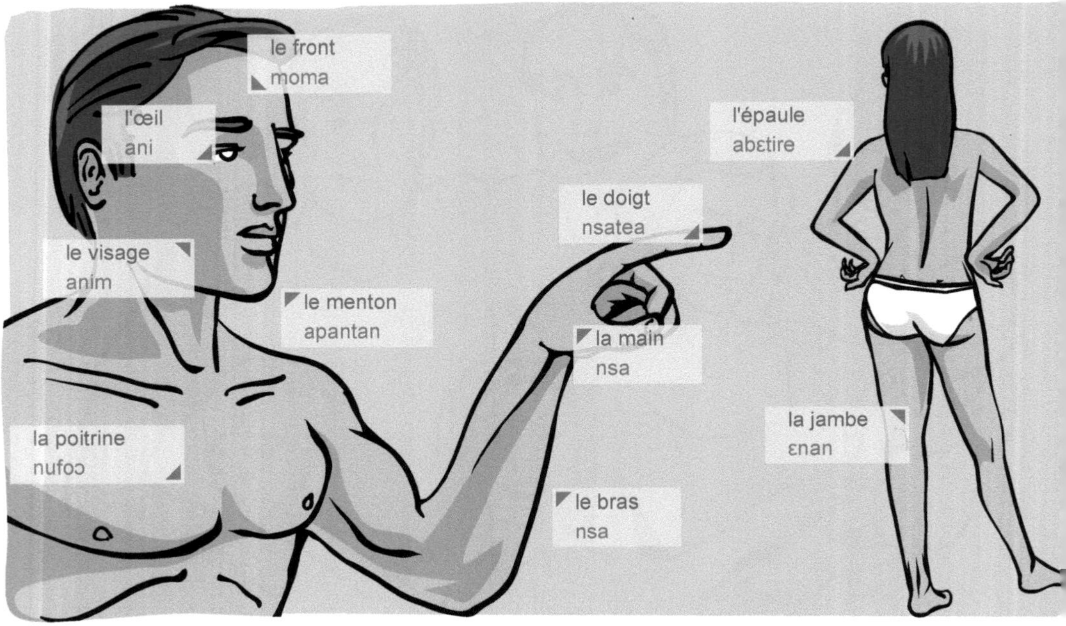

le front
moma

l'œil
ani

l'épaule
abɛtire

le doigt
nsatea

le visage
anim

le menton
apantan

la main
nsa

la poitrine
nufoɔ

la jambe
ɛnan

le bras
nsa

le bébé

abɔdoma

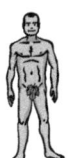

l'homme

barima

la femme

ɔbaa

la fille

abayewa

le garçon

abarimawa

la tête

etire

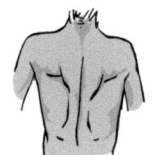

le dos
akyi

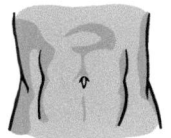

le ventre
afro

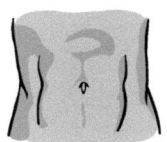

le nombril
fruma

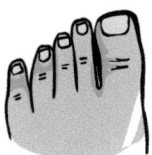

l'orteil
nansoa

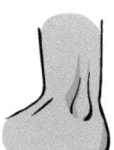

le talon
nantini

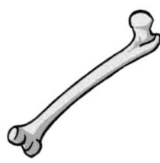

l'os
dompe

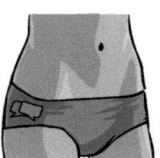

la hanche
ataasɔɔ

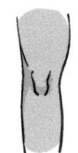

le genou
kotodwe

le coude
abatwɛ

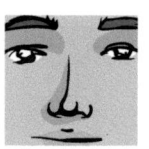

le nez
ɛhwene

les fesses
ɛtoɔ

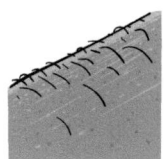

la peau
wedeɛ

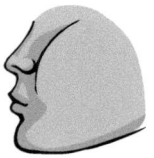

la joue
afono

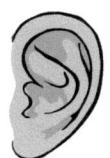

l'oreille
aso

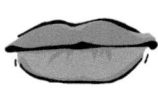

la lèvre
ano

la bouche
anom

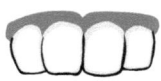

la dent
ɛsee

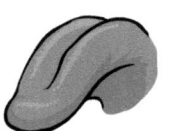

la langue
tɛkyerɛma

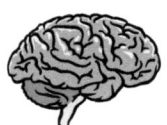

le cerveau
adwene

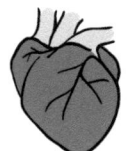

le cœur
akoma

le muscle
ntini

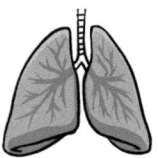

les poumons
aharawa

le foie
brɛboɔ

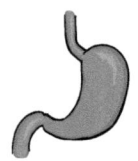

l'estomac
yafunu

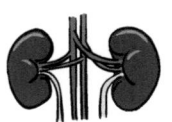

les reins
asaa

le rapport sexuel
nna

le préservatif
kɔndɔm

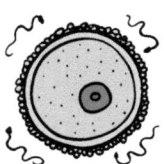

l'ovule
ɔbaa nkosua

le sperme
barima ho nsuo

la grossesse
nyinsɛn

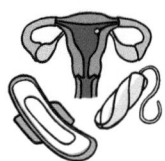

la menstruation

nsabuo

le vagin

ɛtwɛ

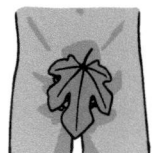

le pénis

kɔteɛ

le sourcil

anintɔn

les cheveux

enwin

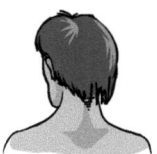

le cou

ɛkɔn

l'hôpital
ayaresabea

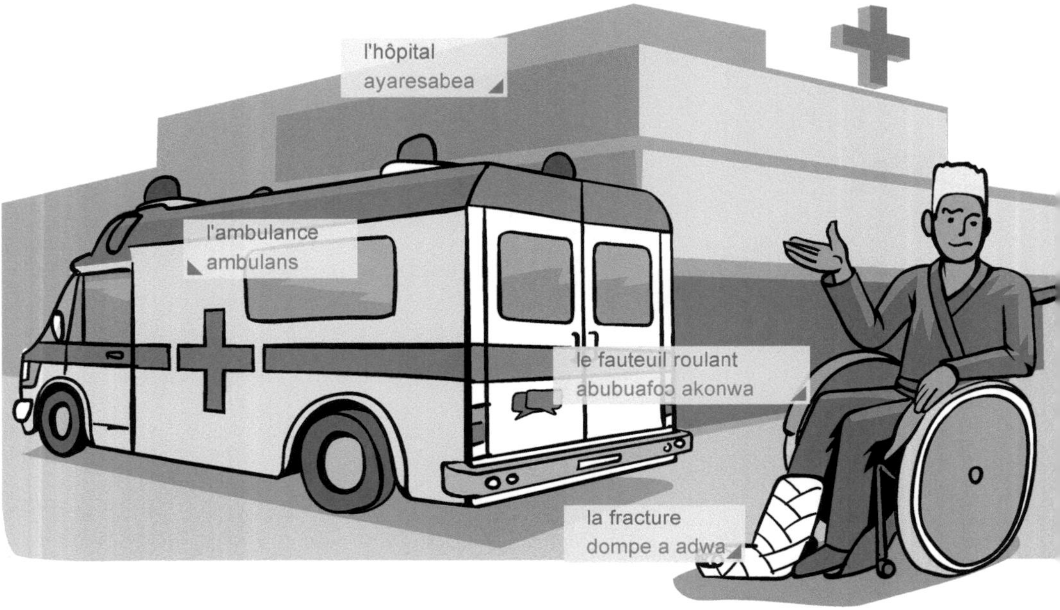

l'hôpital
ayaresabea
l'ambulance
ambulans
le fauteuil roulant
abubuafoɔ akonwa
la fracture
dompe a adwa

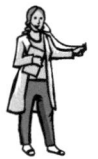

le médecin

dɔkota

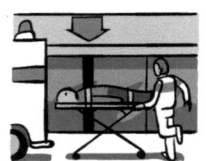

le service des urgences

ɛdan a wɔde putupru nsɛm kɔmu

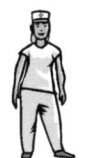

l'infirmière

nɛɛse

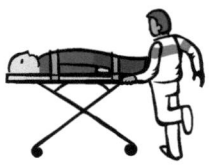

l'urgence

putupru

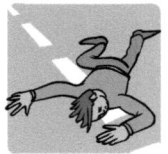

inconscient

wɔ atwa ahwe

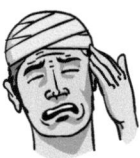

la douleur

yea

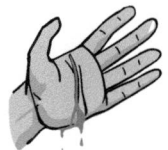

la blessure

epira

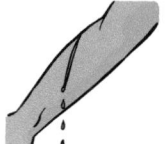

l'hémorragie

mogyatuo

la crise cardiaque

akoma yarenini

l'attaque cérébrale

stroke yareɛ

l'allergie

allegyi

la toux

ɛwa

la fièvre

ahoɔhyeɛ

la grippe

papu

la diarrhée

ayamtuo

le mal de tête

tipaeɛ

le cancer

kokoram

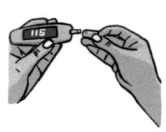

le diabète

asikyire yareɛ

le chirurgien

dɔkota a ɛyɛ oprehyɛn

le scalpel

skapɛl sekan

l'opération

aprehyɛn

le CT

CT

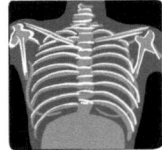

la radiographie

x-ray

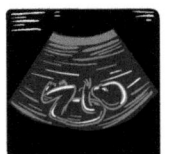

l'échographie

ultrasound

le masque

nkatanim

la maladie

yareɛ

la salle d'attente

ɛdan a wɔ twɛn mu

la béquille

krɔhyes

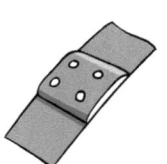

le pansement

plasta

le pansement

banege

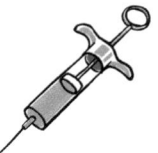

l'injection

paneɛ

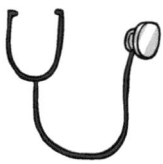

le stéthoscope

Stetoskop

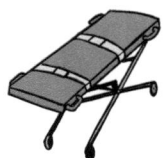

le brancard

ahomankaa

le thermomètre

afidie a esusu ahoɔhyeɛ

l'accouchement

awoɔ

la surcharge pondérale

kɛseɛ mmorosoɔ

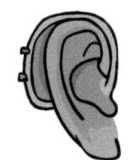

l'appareil auditif

afidie a ɛboa asɛmtie

le désinfectant

aduro a ekum mmoawa

l'infection

yareɛ a mmoawa deba

le virus

vaarɔs

le VIH / le sida

HIV / AIDS

le médicament

aduro

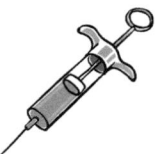

la vaccination

aduro a esi yareɛ ano

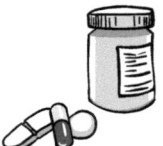

les comprimés

aduro tablɛte

la pilule

topaeɛ

l'appel d'urgence

ɔfrɛ wɔ putupru so

le tensiomètre

afidie a esusu mogya mmrosoɔ

malade / sain

yareɛ / apomuden

Au secours !

Boa me!

l'alarme

kɔkɔbɔ

l'assaut

ɛborɔ

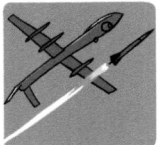

l'attaque

ato ahyɛ obi so

le danger

ɛyɛ hu

la sortie de secours

baabi a yɛfa de pue putupru so

Au feu!

Ogya!

l'extincteur

afidie a yɛde dumgya

l'accident

nkwanhyia

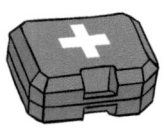

la trousse de premier secours

nneɛma yɛde sɔ yareɛ ano

SOS

SOS

la police

polisi

l'Europe

Yuropo

l'Amérique du Nord

Amerika atifi

l'Amérique du Sud

Amerika ananfɔɔ

l'Afrique

Abiberm

l'Asie

Asia

l'Australie

Australia

l'Océan atlantique

Atlantik

l'Océan pacifique

Pasifek

l'Océan indien

India po kɛseɛ

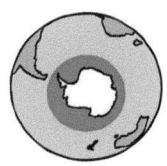

l'Océan antarctique

Antaatek po keseɛ

l'Océan arctique

Aatek po kɛseɛ

le Pôle nord

Ewiase atifi

le Pôle sud

Ewiase anaafoɔ

l'Antarctique

Antaatek

la terre

Ewiase

le pays

asaase

la mer

ɛpo

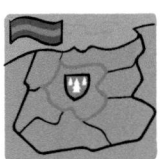

l'île

supɔ

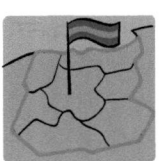

la nation

ɔman

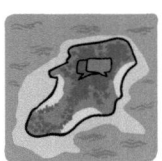

l'état

ɔman

le cadran

klɔko no anim

l'aiguille des heures

dɔnhwere nsa no

l'aiguille des minutes

sima nsa

l'aiguille des secondes

anitɛtɛ nsa no

Quelle heure est-il ?

Abɔ sɛn?

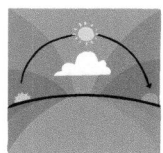

le jour

da

le temps

berɛ

maintenant

seeseiara

la montre digitale

wkye a nɔma wɔ so

la minute

sima

l'heure

dɔnhwere

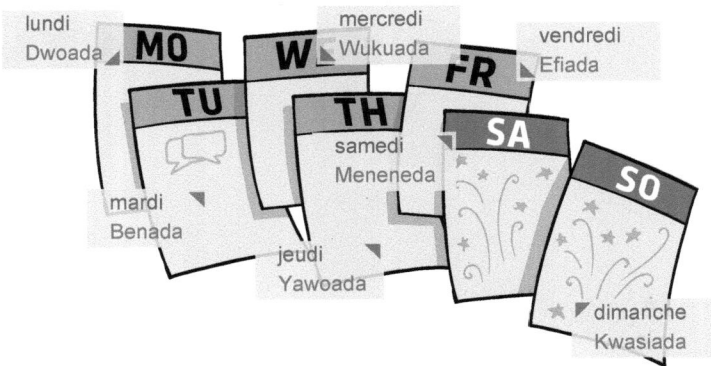

lundi
Dwoada

mercredi
Wukuada

vendredi
Efiada

mardi
Benada

jeudi
Yawoada

samedi
Meneneda

dimanche
Kwasiada

hier

ɛnora

aujourd'hui

ɛnora

demain

ɔkyina

le matin

anɔpa

le midi

prɛmtobrɛ

le soir

anwumerɛ

MO	TU	WE	TH	FR	SA	SU
1	2	3	4	5	6	7
8	9	10	11	12	13	14
15	16	17	18	19	20	21
22	23	24	25	26	27	28
29	30	31	1	2	3	4

les jours ouvrables

adwuma nna

MO	TU	WE	TH	FR	SA	SU
1	2	3	4	5	6	7
8	9	10	11	12	13	14
15	16	17	18	19	20	21
22	23	24	25	26	27	28
29	30	31	1	2	3	4

le week-end

nnawɔtwe awieɛ

l'année
afe

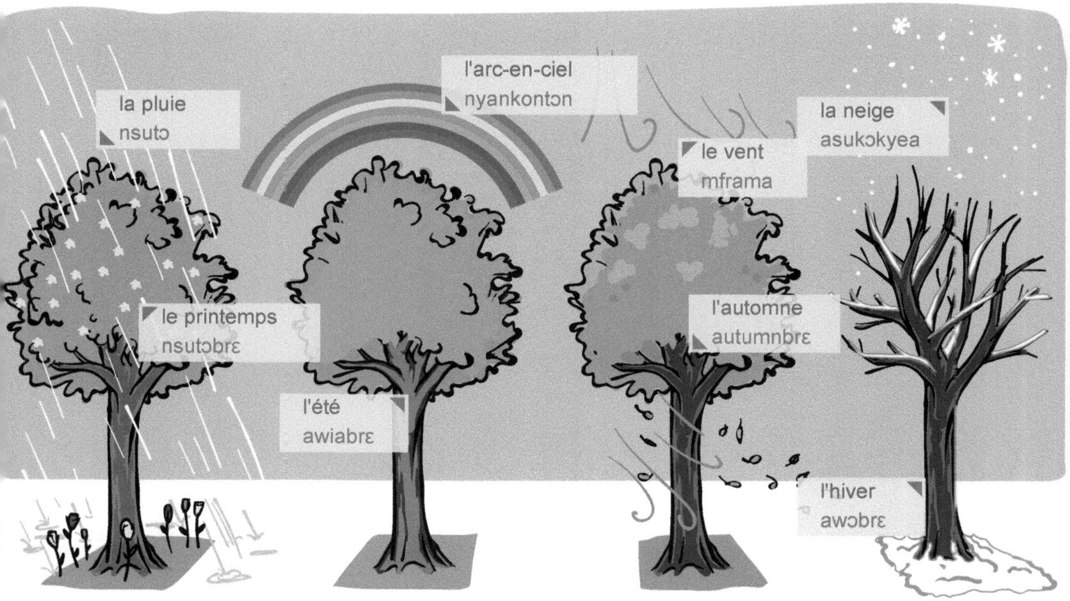

la pluie
nsutɔ
l'arc-en-ciel
nyankontɔn
la neige
asukɔkyea
le vent
mframa
le printemps
nsutɔbrɛ
l'automne
autumnbrɛ
l'été
awiabrɛ
l'hiver
awɔbrɛ

4.APRIL 11°
5.APRIL 4°
6.APRIL 13°
7.APRIL 8°
8.APRIL 10°

la météo

ewiem nsakrɛɛɛ

F
C
120
90
60
30
0
-30
40
30
20
10
0
-10
-20

le thermomètre

afidie a esusu ade ho hyeɛ

la lumière du soleil

awiabɔ

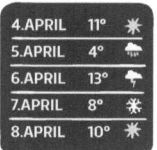

le nuage

munukum

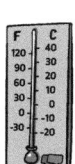

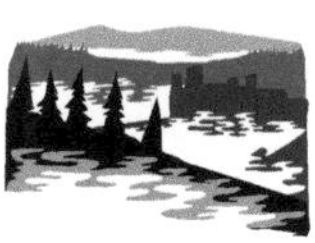

le brouillard

ɛbɔ

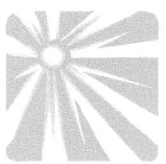

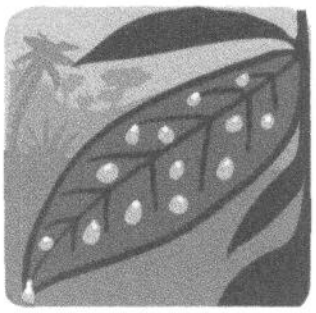

l'humidité

ewiem nsuo

la foudre

ayerɛmo

la tonnerre

apranaa

la tempête

ehum

la grêle

asukɔkyea

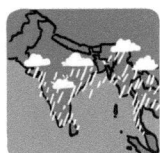

la mousson

monsoonbrɛ

l'inondation

nsuyiri

la glace

aise

janvier

ɔpɛpɔn

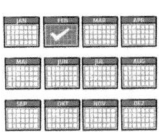

février

ɔgyefoɔ

mars

ɔbɛnem

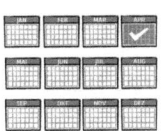

avril

Oforisuo

mai

Kotonimaa

juin

Ayɛwohomumu

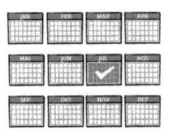

juillet

Kitawonsa

août

ɔsanaa

septembre
....
Ɛbɔ

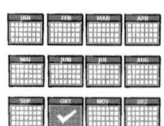

octobre
....
Ahinime

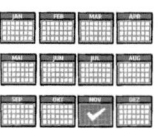

novembre
....
Obubuo

décembre
....
ɔpɛnimaa

les formes
abosuo

le cercle
....
kanko

le carré
....
sokwɛɛ

le rectangle
....
rɛktangel

le triangle
....
triangel

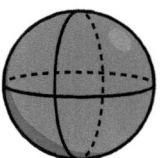

la sphère
....
krukruwa

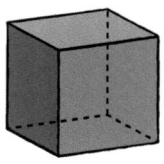

le cube
....
adaka

blanc

fitaa

jaune

akokɔ sradeɛ

orange

ankaa

rose

pink

rouge

kɔkɔɔ

violet

pɛpol

bleu

bruu

vert

ahaban mono

marron

braun

gris

nson

noir

tuntum

beaucoup / peu

pii / ketewa

fâché / calme

wo boafu / wɔ adwo

joli / laid

ɛyɛ fɛ / ɛyɛ tan

le début / la fin

ahyɛseɛ / awieɛ

grand / petit

kɛseɛ / esua

clair / obscure

ɛha / esum

frère / soeur

nuabarima / nuabaa

propre / sale

ɛho te / ayɛ fin

complet / incomplet

awie / enwieɛ

le jour / la nuit

awia / anadwo

mort / vivant

awu / ɛte ase

large / étroit

emubae / ɛyɛ tea

comestible / incomestible

yεde /yεnni

méchant / gentil

bɔne / tema

excité / ennuyé

wɔ aniagye / wɔ ani nka

gros / mince

ɔso / teatea

le premier / le dernier

edikan / etwatoɔ

l'ami / l'ennemi

adamfoɔ / atamfo

plein / vide

ayε mma / hwee nim

dur / souple

εdenden / mmerε mmerε

lourd / léger

εyε duru / εyε ha

faim / soif

εkɔm / nsukɔm

malade / sain

yareε / apomuden

illégal / légal

etia mmara / εwɔ mmara mu

intelligent / stupide

nyansa / gyimi

gauche / droite

benkum / nifa

proche / loin

εbεn / akyire

nouveau / usé

foforɔ / dada

rien / quelque chose

hwee / biribi

vieux / jeune

wɔ anyini/ ɔsua

marche / arrêt

sɔ /dum

ouvert / fermé

bue / tom

faible / fort

dinn / dede

riche / pauvre

ɔdefoɔ / ohia

correct / incorrect

nifa / benkum

rugueux / lisse

werewerɛwerewerɛ / trontron

triste / heureux

awerɛhoɔ / anigyeɛ

court / long

tietia / tenten

lent / rapide

nyaa / ntɛm

mouillé / sec

afɔ / awɔ

chaud / froid

dedɛɛdeɛɛ / adwo

la guerre / la paix

akoo / asomdweɛ

nɔma

0

zéro

hwee

1

un / une

baako

2

deux

mienu

3

trois

meɛnsa

4

quatre

ɛnan

5

cinq

enum

6

six

nsia

7

sept

nson

8

huit

nwɔtwe

9

neuf

nkron

10

dix

edu

11

onze

du-baako

12

douze

du-mienu

13

treize

du-meɛnsa

14

quatorze

du-nan

15

quinze

du-num

16

seize

du-nsia

17

dix-sept

de-nson

18

dix-huit

du-nwɔtwe

19

dix-neuf

du-nkron

20

vingt

aduonu

100

cent

ɔha

1.000

mille

apem

1.000.000

le million

ɔpepem

l'anglais

Brɔfo

l'anglais américain

Amerikafoɔ Brɔfo

le chinois mandarin

Chainfoɔ Mandarin

le hindi

Hindi

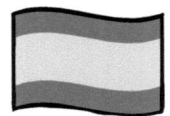

l'espagnol

Spainfoɔ kasa

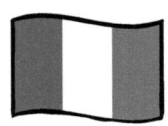

le français

French kasa

l'arabe

Arabia kasa

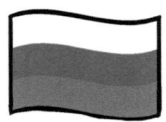

le russe

Russianfoɔ kasa

le portugais

Portugalfoɔ kasa

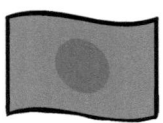

le bengali

Bengali

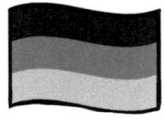

l'allemand

Germanfoɔ kasa

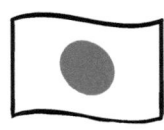

le japonais

Japanfoɔ kasa

je

Me

tu

wo

il / elle / ce, c', cela

ono

nous

yɛn

vous

wo

ils / elles

ɔmmo

Qui ?

hwan?

Quoi ?

deɛ bɛn?

Comment ?

ɛyɛ deɛn?

Où ?

ehen?

Quand ?

dabɛn?

le nom

edin

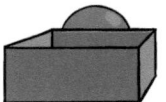

derrière

akyire

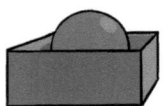

dans

emu

devant

anim

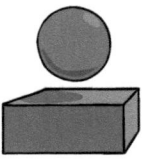

au-dessus

ɛsoro

sur

ɛso

en-dessous

aseɛ

à côté de

nkyɛn

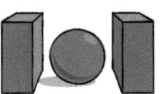

entre

ntɛm

le lieu

beaɛ